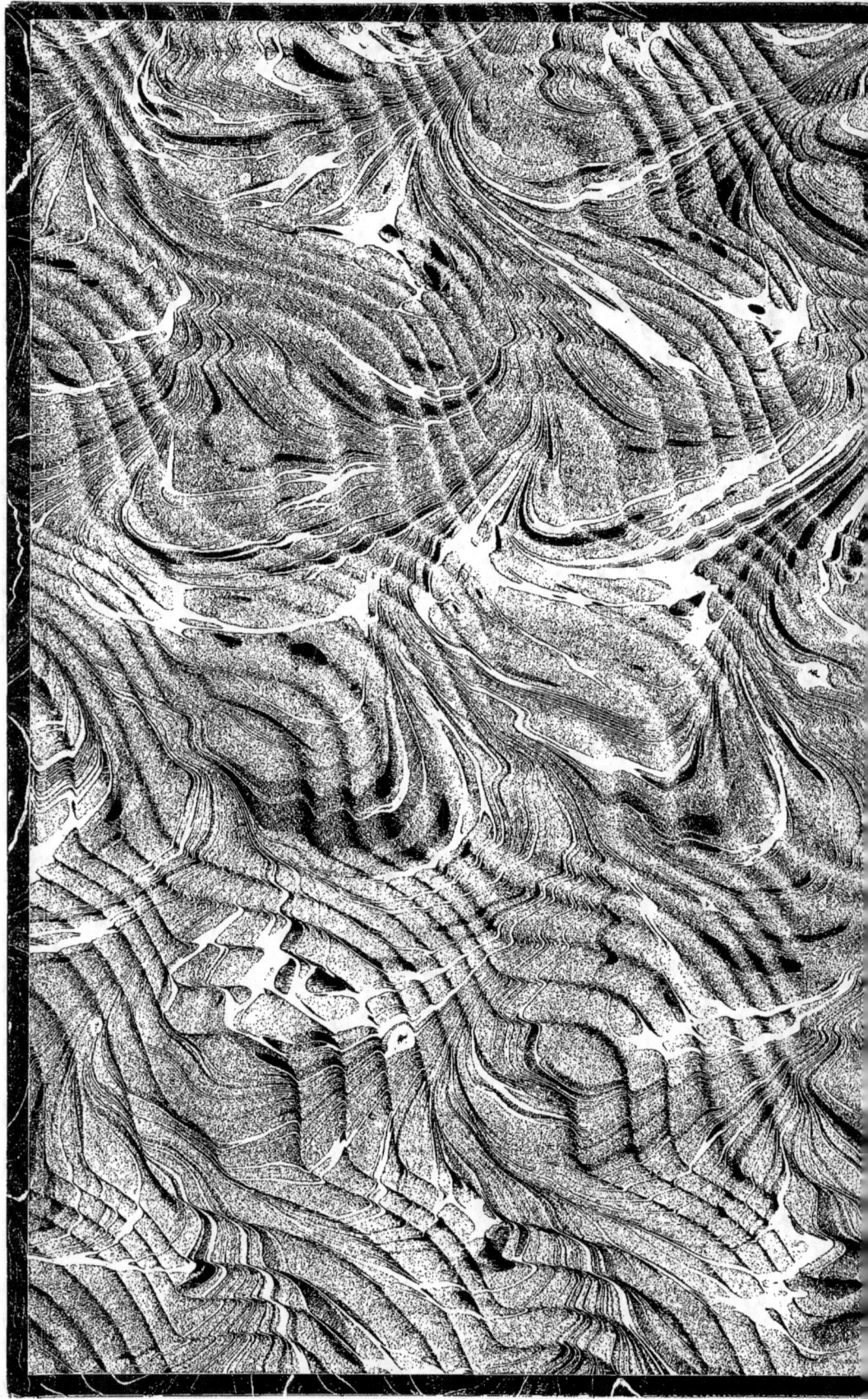

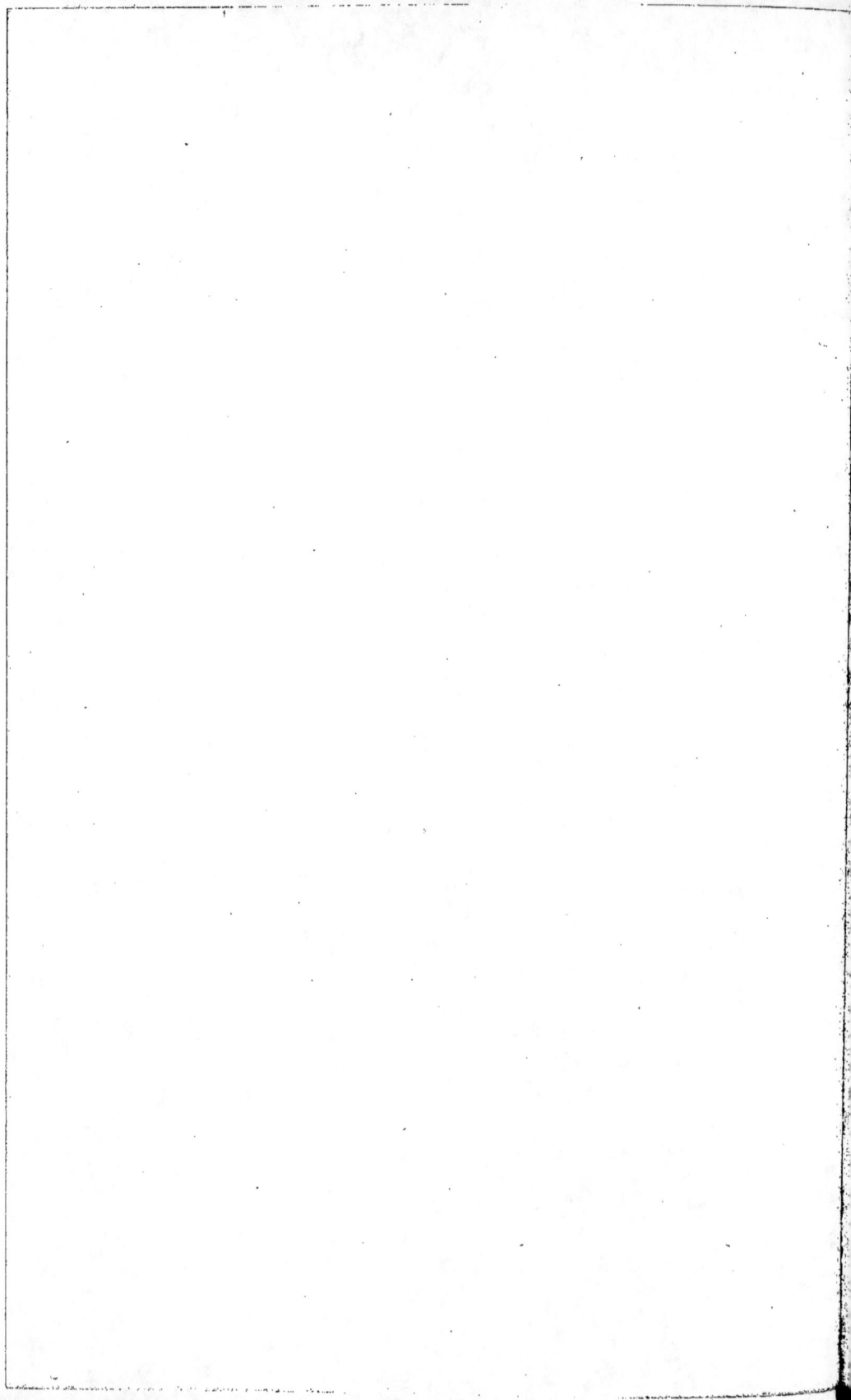

H. B.

Offert par les Editeurs

à M.

H. B.

Il y a un passage de l'Odyssée qui me revient souvent en mémoire. Le spectre d'Elpénor apparaît à Ulysse, et lui demande les honneurs funèbres :

Μή μ' ἄκλαυτον, ἄθαπτον, ἰὼν ὄπιθεν καταλείπειν.
« Ne me laisse pas sans être pleuré, sans être enterré. »

Aujourd'hui, l'enterrement ne manque à personne, grâce à un règlement de police; mais nous autres païens, nous avons aussi des devoirs à remplir envers nos morts, qui ne consistent pas seulement dans l'accomplissement d'une ordonnance de grande voirie. J'ai assisté à trois enterrements païens : — celui de   , qui s'était brûlé la cervelle. Son maître, grand philosophe, et ses amis, eurent peur des honnêtes gens, et n'osèrent parler. — Celui de M   . Il avait défendu les discours. — Celui de B   enfin. Nous nous y trouvâmes trois, et si mal préparés, que nous ignorions ses dernières volontés. Chaque fois, j'ai senti que nous avions manqué à quelque chose, sinon envers le mort, du moins envers nous-mêmes. Qu'un de nos amis meure en voyage, nous aurons un vif regret de ne pas lui avoir dit adieu au moment du départ. Un départ, une mort, doivent se célébrer avec une certaine cérémonie, car il y a là quelque chose de solennel. Ne fût-ce qu'un repas, une association de pensées régulière, il faut quelque chose. Ce quelque chose, c'est ce que demande Elpénor : ce n'est pas seulement un peu de terre qu'il réclame, c'est un souvenir.

J'écris les pages suivantes pour suppléer à ce que nous ne fîmes point aux funérailles de B   .
Je veux partager avec quelques-uns de ses amis mes impressions et mes souvenirs.

B   , original en toutes choses, ce qui est un vrai mérite à cette époque de monnaies effacées, se piquait de libéralisme, et était au fond de l'âme un aristocrate achevé. Il ne pouvait souffrir les sots; il avait pour les gens qui l'ennuyaient une haine furieuse, et de sa vie il n'a pas su bien nettement distinguer un méchant d'un fâcheux. Il affichait un profond mépris pour le caractère français, et il était éloquent à faire ressortir tous les défauts dont on accuse, à tort sans doute, notre grande nation : légèreté, étourderie, inconséquence en paroles et en actions. Au fond, il avait à un haut degré ces mêmes défauts; et pour ne parler que de

l'étourderie, il écrivit un jour, de   , à
M.   ,
une lettre chiffrée, et lui transmit le chiffre sous la
même enveloppe.

Toute sa vie il fut dominé par son imagination,
et ne fit rien que brusquement et d'enthousiasme.
Cependant il se piquait de n'agir jamais que confor-
mément à la raison. « Il faut en tout se guider par
la LO—GIQUE, » disait-il en mettant un intervalle
entre la première syllabe et le reste du mot. Mais
il souffrait impatiemment que la *logique* des autres
ne fût pas la sienne. D'ailleurs il ne discutait guère.
Ceux qui ne le connaissaient pas attribuaient à excès d'orgueil ce qui n'était peut-être que respect
pour les convictions des autres. — « Vous êtes un
chat; je suis un rat, » disait-il souvent pour ter-
miner les discussions.

Un jour, nous voulûmes faire ensemble un drame.
Notre héros avait commis un crime, et était tour-
menté de remords. « Pour se délivrer d'un remords,
dit B •   , que faut-il faire? » — Il réfléchit
un instant. — « Il faut fonder une école d'enseigne-
ment mutuel. » Notre drame en resta là.

Il n'avait aucune idée religieuse, ou s'il en avait,
il apportait un sentiment de colère et de rancune
contre la Providence. « Ce qui excuse Dieu, disait-
il, c'est qu'il n'existe pas. » Une fois, chez madame P   , il nous fit la théorie cosmogo-
nique suivante : « Dieu était un mécanicien très-ha-

bile. Il travaillait nuit et jour à son affaire, parlant
peu, et inventant sans cesse, tantôt un soleil, tantôt
une comète. On lui disait : Mais écrivez donc vos
inventions ! Il ne faut pas que cela se perde. — Non,
répondait-il ; rien n'est encore au point où je veux.
Laissez-moi perfectionner mes découvertes, et alors...
Un beau jour il mourut subitement. On courut cher-
cher son fils unique, qui étudiait aux Jésuites. C'é-
tait un garçon doux et studieux, qui ne savait pas
deux mots de mécanique. On le conduit dans l'a-
telier de feu son père. — « Allons, à l'ouvrage ! il
s'agit de gouverner le monde. » Le voilà bien em-
barrassé ; il demande : — « Comment faisait mon
père ? — Il tournait cette roue, il faisait ceci, il faisait cela. » — Il tourne la roue, et les machines vont
tout de travers. »

B   me dit qu'il avait fait un drame de la
vie de   . Il l'avait représenté comme une
âme simple, naïve, toute pleine de sensibilité et de
tendresse, mais incapable de commander aux hommes.   , dans ce drame, exploitait à son
profit la doctrine de   . « — Y a-t-il de
l'amour dans votre drame, lui demandai-je. — Beaucoup. Et   , le disciple chéri ? » Il sou-
tenait que tous les grands hommes ont eu des goûts
bizarres, et citait Alexandre, César, vingt papes
italiens ; il prétendait que   , lui-même,
avait eu du faible pour un de ses aides de camp.
Il était difficile de savoir ce qu'il pensait de Na-

poléon. Presque toujours il était de l'opinion contraire à celle qu'on mettait en avant. Tantôt il en parlait comme d'un parvenu ébloui par les oripeaux, manquant sans cesse aux règles de la LO — GIQUE. D'autres fois, c'était une admiration presque idolâtre. Tour à tour il était frondeur comme Courier, et servile comme Las Cases. Les hommes de l'empire étaient traités aussi diversement que leur maître.

Il convenait de la fascination exercée par l'empereur sur tout ce qui l'approchait. « Et moi aussi, disait-il, j'ai eu le feu sacré. On m'avait envoyé à Brunswick pour lever une imposition extraordinaire de 5 millions. J'en ai fait rentrer 7, et j'ai manqué d'être assommé par la canaille qui s'insurgea, exaspérée par l'excès de mon zèle. Mais l'empereur demanda quel était l'auditeur qui avait fait cela, et dit : « C'est bien. »

Nous aimions à l'entendre parler des campagnes qu'il avait faites avec l'empereur. Ses récits ne ressemblaient guère aux relations officielles. On en jugera. Dans une affaire fort chaude,
haranguait les soldats près de se débander ; voici en quels termes : « — En avant ! s. n. d. D. J'ai le cul rond comme une pomme, soldats ! j'ai le cul rond comme une pomme ! » — « Dans le moment du danger, disait B   , cela paraissait une harangue ordinaire, et je suis persuadé que César et Alexandre ont dit dans de telles occasions d'aussi grosses bêtises. »

Parti de Moscou, B   se trouva, le soir
du troisième jour de la retraite, avec environ mille
cinq cents hommes, séparé du gros de l'armée par
un corps russe considérable. On passa une partie de
la nuit à se lamenter, puis les gens énergiques haran-
guèrent les poltrons, et, à force d'éloquence, les en-
gagèrent à s'ouvrir un chemin l'épée à la main, dès
que le jour permettrait de distinguer l'ennemi. Autre
genre d'allocution militaire : « Tas de canailles, vous
serez tous morts demain, car vous êtes trop j.-f. pour
prendre un fusil et vous en servir, etc. » Ces paroles
sublimes ayant produit leur effet, à la petite pointe
du jour on marcha résolument aux Russes, dont on
voyait encore briller les feux de bivouac. On y arrive
sans être découvert, et l'on trouve un chien tout seul.
Les Russes étaient partis dans la nuit.

Pendant la retraite, il n'avait pas trop souffert de
la faim, mais il lui était absolument impossible de
se rappeler comment il avait mangé et ce qu'il avait
mangé, si ce n'est un morceau de suif qu'il avait
payé 20 fr., et dont il se souvenait encore avec dé-
lices.

Il avait emporté de Moscou le volume des Facéties
de Voltaire, relié en maroquin rouge, qu'il avait pris
dans une maison qui brûlait. Ses camarades trou-
vaient cette action un peu légère : dépareiller une
magnifique édition ! Lui-même en éprouvait une es-
pèce de remords.

Un matin, aux environs de la Bérézina, il se présenta à M. D   , rasé et habillé avec quelque soin : « Vous avez fait votre barbe ! » lui dit M. D   , « vous êtes un homme de cœur. »

M. B   , auditeur au conseil d'État, m'a dit qu'il devait la vie à B   , qui, prévoyant l'encombrement des ponts, l'avait obligé à passer la Bérézina, le soir qui précéda la déroute. Il fallut employer presque la force pour obtenir qu'il fît quelques centaines de pas. M. B faisait l'éloge du sang-froid de B   , et du bon sens qui ne l'abandonnait pas dans un moment où les plus résolus perdaient la tête.

En 1813, B   fut témoin involontaire de la déroute d'une brigade entière chargée inopinément par cinq Cosaques. B   vit courir environ deux mille hommes, dont cinq généraux, reconnaissables à leurs chapeaux bordés. Il courut comme les autres, mais mal, n'ayant qu'un pied chaussé, et portant une botte à la main. Dans tout ce corps français, il ne se trouva que deux héros qui firent tête aux Cosaques : un gendarme, nommé Menneval, et un conscrit, qui tua le cheval du gendarme en voulant tirer sur les Cosaques. B fut chargé de raconter cette panique à l'empereur, qui l'écoutait avec une fureur concentrée, en faisant tourner une de ces machines en fer qui servent à fixer les persiennes. On chercha le gendarme pour lui donner la croix ; mais il se cachait, et nia d'abord qu'il eût été à l'affaire, persuadé que rien n'est si mauvais que d'être remarqué dans une déroute. Il croyait qu'on voulait le fusiller.

Sur l'amour, B   était encore plus éloquent que sur la guerre. Je ne l'ai jamais vu qu'amoureux, ou croyant l'être ; mais il avait eu deux *amours-passions* (je me sers d'un de ses termes), dont il n'avait jamais pu guérir. L'un, le premier en date, je crois, lui avait été inspiré par madame   , alors dans tout l'éclat de sa beauté. Il avait pour rivaux bien des hommes puissants, entre autres un général fort en faveur, qui abusa un jour de sa position pour obliger B   à lui céder sa place auprès de la dame. Le soir même, B trouva moyen de lui faire tenir une petite fable de sa composition, dans laquelle il lui proposait allégoriquement un duel. Je ne sais si la fable fut comprise ; mais on n'accepta pas la moralité, et B reçut une verte semonce de M. D   , son parent et son protecteur ; il n'en continua pas moins ses poursuites. En 1836, B   me racontait cette aventure, le soir, sous les grands arbres de la promenade de Laon. Il ajoutait qu'il venait de voir madame   , âgée alors de quarante-sept ans, et qu'il s'était trouvé aussi amoureux qu'au premier jour. L'un et l'autre avaient eu bien d'autres passions dans l'intervalle. « Comment pouvez-vous m'aimer encore, à mon âge ? » disait-elle. Il le lui prouvait très-bien, et jamais je ne l'ai vu

montrer tant d'émotion. Il avait les larmes aux yeux
en me parlant.

Son autre amour-passion fut pour une belle Mi-
lanaise, nommée madame   . Malgré la
bonne foi des Italiennes, qu'il opposait sans cesse
à la coquetterie des nôtres, madame.   le
trahissait indignement. Elle avait eu l'art de lui
persuader que son mari, le plus débonnaire des
hommes, était un monstre de jalousie; et elle obli-
geait B   à se cacher à Turin, car sa pré-
sence à Milan l'aurait perdue, disait-elle. Une fois
tous les dix jours, au cœur de l'hiver, B
venait à Milan dans le plus strict incognito, se cachait dans une méchante auberge, et, la nuit, était
introduit chez sa belle par une femme de chambre
qu'il payait bien. Cela dura quelque temps, et toujours des précautions infinies. Pourtant la femme
de chambre eut un remords, et lui avoua qu'on le
trompait, et qu'on avait autant d'amants différents
qu'il passait de jours en exil. D'abord il n'en voulut
rien croire; à la fin, cependant, il accepta une expé-
rience. On le fit cacher dans un cabinet; et là, en
mettant l'œil au trou d'une serrure, il vit, à trois
pieds de lui, la plus monstrueuse pièce de convic-
tion. B   me dit que la singularité de la
chose et le ridicule de la situation lui donnèrent
d'abord une gaieté folle, et qu'il eut toutes les
peines du monde à ne pas alarmer les coupables en
éclatant de rire. Ce ne fut qu'au bout de quelque

temps qu'il sentit son malheur. L'infidèle, que pour
toute vengeance il avait un peu persiflée, essaya de
le fléchir, lui demanda grâce à genoux, et le suivit
dans cette attitude tout le long d'une grande galerie.
L'orgueil l'empêcha de lui pardonner, et il s'en accusait avec amertume, en se rappelant l'air passionné
de madame   . Jamais elle ne lui avait paru
si désirable, jamais elle n'avait eu tant d'amour. Il
avait sacrifié à l'orgueil le plus grand plaisir qu'il
eût pu goûter avec elle. — Il fut dix-huit mois à se
consoler. « J'étais abruti, disait-il. Je ne pensais plus.
J'étais accablé d'un poids insupportable, sans pouvoir me rendre compte nettement de ce que j'éprou-
vais. C'est le plus grand des malheurs; il prive de
toute énergie. Depuis, un peu remis de cette langueur
accablante, j'avais une curiosité singulière à connaître toutes ses infidélités. Je m'en faisais raconter
tous les détails. Cela me faisait un mal affreux,
mais j'avais un certain plaisir physique à me la représenter dans toutes les situations où on me la dé-
crivait. »

   B   m'a toujours paru convaincu de cette
idée très-répandue sous l'Empire, qu'une femme peut
toujours être prise d'assaut, et que c'est pour tout
homme un devoir d'essayer. « *Ayez-la; c'est d'a-
bord ce que vous lui devez,* » me disait-il quand
je lui parlais d'une femme dont j'étais amoureux.
Un soir, à Rome, il me conta que la comtesse
venait de lui dire *voi* au lieu de *lei*, et me de-

manda s'il ne devait pas la violer. Je l'y exhortai fort.

Je n'ai connu personne qui fût plus galant homme à recevoir les critiques sur ses ouvrages. Ses amis lui parlaient toujours sans le moindre ménagement. Plusieurs fois, il m'envoya des manuscrits qu'il avait déjà communiqués à V. J   , et qui revenaient avec des notes marginales comme celles-ci : « Détestable, — Style de portier, » etc. Quand il fit paraître son livre « *de l'Amour*, » ce fut à qui s'en moquerait davantage (au fond, fort injustement). Jamais ces critiques n'altérèrent ses relations avec ses amis.

Il écrivait beaucoup, et travaillait longtemps ses ouvrages. Mais, au lieu d'en corriger l'exécution, il en refaisait le plan. S'il effaçait les fautes d'une première rédaction, c'était pour en faire d'autres ; car je ne sache pas qu'il ait jamais essayé de corriger son style. Quelque raturés que fussent ses manuscrits, on peut dire qu'ils étaient toujours écrits de premier jet.

Ses lettres sont charmantes; c'est sa conversation même.

Il était très-gai dans le monde, fou quelquefois, négligeant trop les convenances et les susceptibilités. Souvent il était de mauvais ton, mais toujours spirituel et original. Bien qu'il n'eût de ménagements pour personne, il était facilement blessé par des mots échappés sans malice. « Je suis un jeune chien qui

joue, me disait-il, et on me mord. » Il oubliait qu'il
mordait parfois lui-même, et assez serré. C'est qu'il
ne comprenait guère qu'on pût avoir d'autres opinions que les siennes sur les choses et sur les
hommes. Par exemple, il n'a jamais pu croire qu'il
y eût des dévots véritables. Un prêtre et un roya-
liste étaient toujours pour lui des hypocrites.

Ses opinions sur les arts et la littérature ont passé
pour des hérésies téméraires lorsqu'il les a produites.
Aujourd'hui, quelques-uns de ses jugements ont l'air
de vérités de M. de la Palisse. Lorsqu'il mettait
Mozart, Cimarosa, Rossini au-dessus des faiseurs
d'opéras-comiques de notre jeunesse, il soulevait des
tempêtes. C'est alors qu'on l'accusait de n'avoir pas
des sentiments français.

Il est pourtant très-Français dans ses opinions
sur la peinture, bien qu'il prétende la juger en Ita-
lien. Il apprécie les maîtres avec les idées françaises,
c'est-à-dire, au point de vue littéraire. Les tableaux
des écoles d'Italie sont examinés par lui comme des
drames. C'est encore la façon de juger en France, où
l'on n'a ni le sentiment de la forme, ni un goût inné
pour la couleur. Il faut une sensibilité particulière
et un exercice prolongé pour aimer et comprendre la
forme et la couleur. B   prête des passions
dramatiques à une Vierge de Raphaël. J'ai toujours
soupçonné qu'il aimait les grands peintres des écoles
lombarde et florentine, parce que leurs ouvrages le
faisaient penser à bien des choses auxquelles sans

douté les maîtres ne pensaient pas. C'est le propre des Français de tout juger par l'esprit. Il est juste d'ajouter qu'il n'y a pas de langue qui puisse exprimer les finesses de la forme ou la variété des effets de la couleur. Faute de pouvoir exprimer ce qu'on sent, on décrit d'autres sensations qui peuvent être comprises par tout le monde.

B.   m'a toujours paru assez indifférent à l'architecture, et n'avait sur cet art que des idées d'emprunt. Je crois lui avoir appris à distinguer une église romane d'une église gothique, et, qui plus est, à regarder l'une et l'autre. Il reprochait à nos églises d'être tristes.

Il sentait mieux la sculpture de Canova que toute autre, même que les statues grecques; peut-être est-ce parce que Canova a travaillé pour les gens de lettres. Il s'est beaucoup plus préoccupé des idées qu'il exciterait dans un esprit cultivé, que de l'impression qu'il pourrait produire sur un œil qui aime et qui connaît la forme.

Pour B   , la poésie était lettre close. Souvent il lui arrivait d'estropier, en les citant, des vers français. Il ne connaissait ni le mètre ni l'accentuation des vers anglais et italiens, et cependant il était réellement sensible à certaines beautés de Shakspeare et du Dante, qui sont intimement unies à la forme du vers. Il a dit son dernier mot sur la poésie dans son livre *de l'Amour* : « Les vers furent in-
« ventés pour aider la mémoire; les conserver dans

« l'art dramatique, reste de barbarie. » Racine lui
déplaisait souverainement. Le grand reproche que
nous lui adressions vers 1820, c'est qu'il manque
absolument aux *mœurs*, ou à ce que, dans notre jar-
gon romantique, nous appelions alors la couleur
locale. Shakspeare, que nous opposions sans cesse
à Racine, a fait en ce genre des fautes cent fois
plus grossières. « — Mais, disait B   , Shakspeare a mieux connu le cœur humain. Il n'y a
pas de passion ou de sentiment qu'il n'ait peint avec
une admirable vérité. La vie et l'individualité de ses
personnages le mettent au-dessus de tous les auteurs
dramatiques. » — Et Molière ? répondait-on. — « Molière est un coquin qui n'a pas voulu représenter le
courtisan, parce que Louis XIV ne le trouvait pas
bon. »

Dans la pratique de la vie, B   avait une
suite de maximes générales qu'il fallait, disait-il,
observer infailliblement sans les discuter, dès qu'on
les avait une fois trouvées commodes. A peine per-
mettait-il d'examiner un instant si le cas particulier
rentrait dans une de ses théories générales.

Jusqu'à trente ans, il voulait qu'un homme, se
trouvant avec une femme seule, tentât l'abordage.
Cela réussit, disait-il, une fois sur dix. Or, la chance
d'un sur dix vaut bien la peine d'essuyer neuf re-
buffades. — Ne jamais pardonner un mensonge; —
ne jamais se repentir; — prendre aux cheveux la
première occasion de querelle, à son entrée dans

le monde, voilà quelques-unes de ses maximes.

Il se moquait de moi en me voyant étudier le grec à vingt-cinq ans. — « Vous êtes sur le champ de bataille, disait-il ; ce n'est plus le moment de polir votre fusil ; il faut tirer. »

Il avait souffert, comme tant d'autres, de la mauvaise honte dans sa jeunesse. C'est une chose difficile pour un jeune homme, que d'entrer dans un salon. Il s'imagine qu'on le regarde, et craint toujours de n'être pas *correct*. « Je vous conseille, me disait-il, d'entrer avec l'attitude que le hasard vous a fait prendre dans l'antichambre : convenable ou non, n'importe. Soyez comme la statue du commandeur, et ne changez de maintien que lorsque l'émotion de l'entrée aura disparu. »

Il avait une autre recette pour les duels : — « Pendant qu'on vous vise, regardez un arbre, et appliquez-vous à en compter les feuilles. »

Il aimait la bonne chère : cependant il trouvait du temps perdu celui qu'on passe à manger, et souhaitait qu'en avalant une boulette le matin, on fût quitte de la faim pour toute la journée. Aujourd'hui, on est gourmand, et on s'en vante. Du temps de B   , un homme prétendait surtout à l'énergie et au courage. Comment faire campagne, si l'on est gastronome ?

La police de l'Empire pénétrait partout, à ce qu'on prétend ; et Fouché savait tout ce qui se disait dans les salons de Paris. B   était persuadé que cet espionnage gigantesque avait conservé tout son pouvoir occulte. Aussi, il n'est sorte de précautions dont il ne s'entourât pour les actions les plus indifférentes.

Jamais il n'écrivait une lettre sans la signer d'un nom supposé : César Bombet, Cotonet, etc. Il datait ses lettres d'*Abeille*, au lieu de   ,
et souvent les commençait par une telle phrase : « J'ai reçu vos soies gréges, et les ai emmagasinées en attendant leur embarquement. » Tous ses amis avaient leur nom de guerre, et jamais il ne les appelait d'une autre façon. Personne n'a su exactement quelles gens il voyait, quels livres il avait écrits, quels voyages il avait faits.

Je m'imagine que quelque critique du vingtième siècle découvrira les livres de B   dans le fatras de la littérature du dix-neuvième, et qu'il leur rendra la justice qu'ils n'ont pas trouvée auprès des contemporains. C'est ainsi que la réputation de Diderot a grandi au dix-neuvième siècle; c'est ainsi que Shakspeare, oublié du temps de Saint-Évremond, a été découvert par Garrick. Il serait bien à désirer que les lettres de B   fussent publiées un jour; elles feraient connaître et aimer un homme dont l'esprit et les excellentes qualités ne vivent plus que dans la mémoire d'un petit nombre d'amis.

Paris. — Typographie de Firmin Didot frères, rue Jacob, 56.

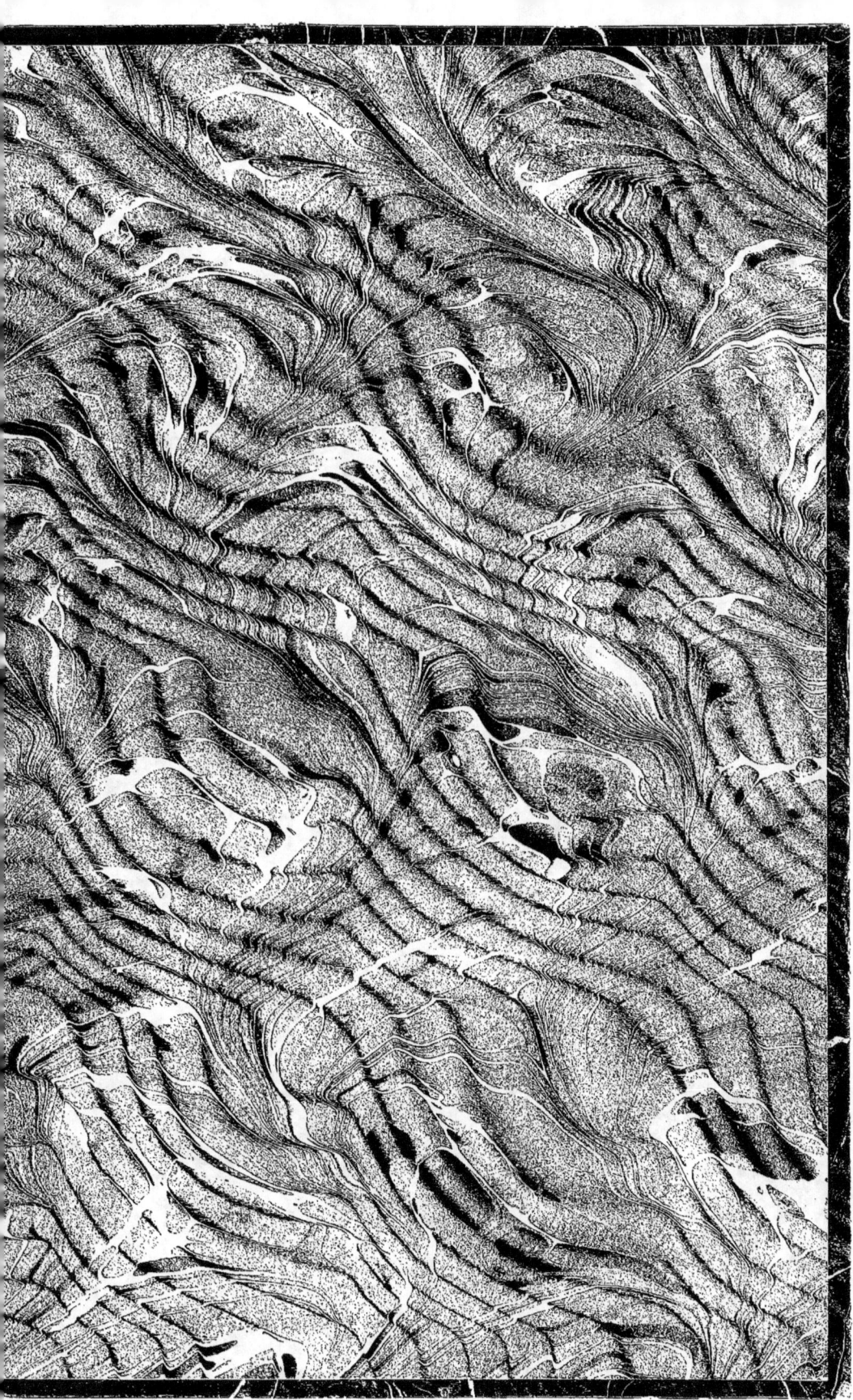